مارسي شاف
ريجي على القيود!
تغيير مؤلم.
Arabic

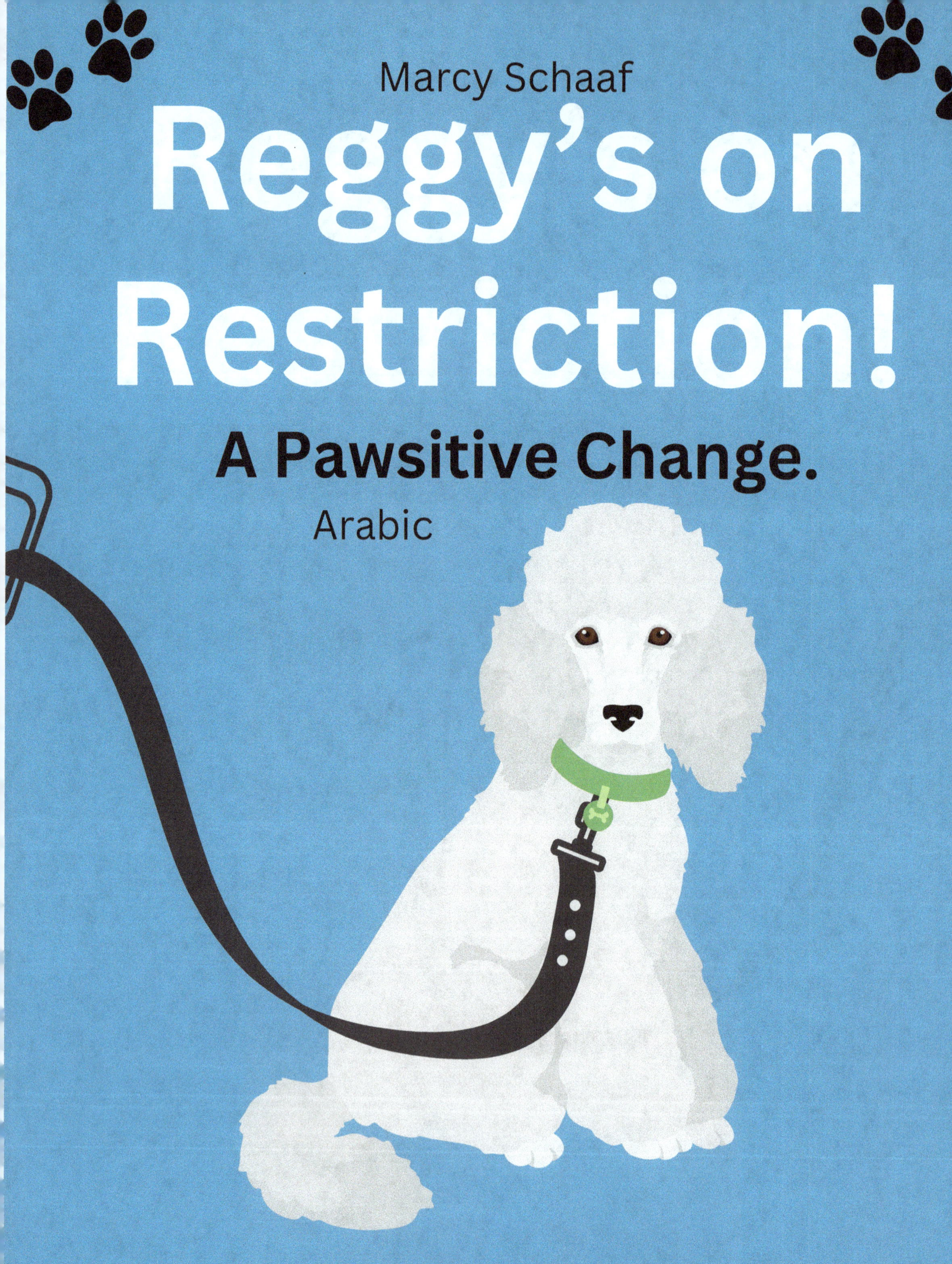

Marcy Schaaf
Reggy's on Restriction!
A Pawsitive Change.
Arabic

Welcome to the heartwarming tale of "Reggy's On Restriction: A Pawsitive Change." In a cozy house, filled with laughter and wagging tails, there lived a mischievous dog named Reggy. But Reggy had a little problem - he was a bit of a bully. Join us as we embark on a journey with Reggy, exploring the ups and downs of his furry adventures. Discover how a special lesson and a touch of kindness transformed Reggy into the best doggy friend, making his house a joyful den. Get ready for a story that teaches the power of change, the magic of friendship, and the joy that comes from choosing kindness. Let's dive into Reggy's lesson and learn why being a little kinder can make our world a brighter place!

مرحبًا بكم في القصة الحميمة لـ "Reggy's On Restriction: A Pawsitive Change". في منزل مريح، مليء بالضحك وذيول هز، كان هناك كلب مؤذ اسمه ريجي. لكن كان لدى ريجي مشكلة صغيرة - لقد كان متنمرًا بعض الشيء. انضم إلينا ونحن نشرع في رحلة مع ريجي، ونستكشف صعودًا وهبوطًا في مغامراته ذات الفراء. اكتشف كيف حوّل درس خاص ولمسة من اللطف ريجي إلى أفضل صديق كلب، مما جعل منزله وكرًا بهيجًا. استعد لقصة تعلمك قوة التغيير، وسحر الصداقة، والمتعة التي تأتي من اختيار اللطف. دعونا نتعمق في درس ريجي ونتعلم لماذا كوننا أكثر لطفًا يمكن أن يجعل عالمنا مكانًا أكثر إشراقًا!

Once upon a time, in a cozy house, lived a mischievous dog named Reggy.

ذات مرة، في منزل مريح،
عاش كلب مؤذ اسمه ريجي.

Reggy loved to bark, growl, and snatch toys from his furry friends.

كان ريجي يحب النباح والتذمر وانتزاع الألعاب من أصدقائه ذوي الفراء.

His tail wagged with mischief, causing stress in the house each day.

كان ذيله يهتز بأذى، مما يسبب التوتر في المنزل كل يوم.

Reggy's antics scared the little ones and made the house less fun.

تصرفات ريجي الغريبة أخافت الصغار وجعلت المنزل أقل متعة.

Mom and Dad sighed, wondering how to make Reggy a good dog.

تنهدت أمي وأبي، متسائلين عن كيفية جعل ريجي كلبًا جيدًا.

One day, they decided to
put Reggy on a special
doggy restriction.

في أحد الأيام، قرروا وضع ريجي
تحت قيود هزلية خاصة.

Reggy couldn't chase, bark,
or be a bully for a while.

لم يتمكن ريجي من المطاردة أو النباح أو التنمر لفترة من الوقت.

His furry friends were relieved, playing happily without fear.

شعر أصدقاؤه ذوو الفراء
بالارتياح، ولعبوا بسعادة دون
خوف.

Reggy felt sad with his restriction, wondering why things changed.

شعر ريجي بالحزن بسبب تقييده، متسائلاً لماذا تغيرت الأمور.

But soon, he discovered new ways to have fun without being mean.

ولكن سرعان ما اكتشف طرقًا جديدة لقضاء وقت ممتع دون أن يكون لئيمًا.

He learned to share toys
and play gently, making
friends happy.

لقد تعلم مشاركة الألعاب واللعب بلطف، مما يجعل الأصدقاء سعداء.

Reggy realized being kind
brought joy and wagging
tails all around.

أدرك ريجي أن كونه لطيفًا يجلب الفرح ويهز ذيوله في كل مكان.

Mom and Dad smiled, proud of the change in their furry friend.

ابتسمت أمي وأبي، فخورين بالتغيير الذي طرأ على صديقهما ذو الفراء.

The house became a happy place, full of laughter and wagging tails.

أصبح المنزل مكانًا سعيدًا، مليئًا بالضحك وهز ذيوله.

Reggy's friends forgave him, and they all played together again.

سامحه أصدقاء ريجي، ولعبوا جميعًا معًا مرة أخرى.

Reggy's heart swelled with happiness, grateful for the lesson learned.

امتلأ قلب ريجي بالسعادة، ممتنًّا
للدرس الّذي تعلمته.

Now, he was the best doggy friend, making the house a joyful den.

الآن، أصبح أفضل صديق للكلاب،
مما جعل المنزل وكرًا بهيجًا.

Reggy's story teaches us that kindness turns a frown upside down.

تعلمنا قصة ريجي أن اللطف
يقلب العبوس رأسًا على عقب.

Being a bully brings stress,
but changing brings
happiness, no less.

كونك متنمرًا يجلب التوتر، لكن التغيير يجلب السعادة، ليس أقل من ذلك.

So, let's remember the tale of Reggy, the dog who turned things around.

لذا، دعونا نتذكر قصة ريجي، الكلب الذي قلب الأمور رأسًا على عقب.

And be kind to our friends,
making our homes a
cheerful playground.

وكن لطيفًا مع أصدقائنا، فاجعل من بيوتنا ملعبًا بهيجًا.

For kindness and love, with friends, is how joy is declared.

فاللطف والحب مع الأصدقاء هو الطريقة التي يتم بها إعلان الفرح.

Now, in our hearts, let's keep Reggy's story bright.

الآن، في قلوبنا، دعونا نبقي قصة
ريجي مشرقة.

Be kind like Reggy, and everything will be just right.

كن لطيفًا مثل ريجي، وسيكون
كل شيء على ما يرام.

Remember the day when
the house became stress-
free.

تذكر اليوم الذي أصبح فيه المنزل خاليًا من التوتر.

Thanks to Reggy's change, a happy home it came to be.

بفضل تغيير ريجي، أصبح المنزل سعيدًا.

Be like Reggy, choose kindness from the very start.

كن مثل ريجي، اختر اللطف منذ البداية.

The end, sweet dreams, and may your world be full of love and cheer.

النهاية، أحلام سعيدة، وأن يكون عالمكم مليئًا بالحب والبهجة.

This book is about Reggy the
real dog who was on
restriction, who is now kind
to his friends!

يدور هذا الكتاب حول ريجي، الكلب الحقيقي الذي كان مقيدًا، والذي أصبح الآن لطيفًا مع أصدقائه!

This story took place Italy

حدثت هذه القصة في إيطاليا

For more books like this visit:
www.BooksBySchaaf.com

Reggy's On Restriction is available in 10 languages